Wasserkünste im Schlosspark Wilhelmshöhe

Jutta Korsmeier

**Die Gestaltung des Wassers
im Wandel der Gartenkunst
des 18. Jahrhunderts**

*Edition der Verwaltung der
Staatlichen Schlösser und Gärten Hessen*

Edition der Verwaltung der
Staatlichen Schlösser und Gärten Hessen

Broschüre 6

Impressum

Edition der Verwaltung der
Staatlichen Schlösser und Gärten Hessen
D-61348 Bad Homburg v.d.Höhe
Telefon 0 61 72/92 62 00
Telefax 0 61 72/92 62-1 90

Herausgeber: Dr. Kai R. Mathieu
Text: Jutta Korsmeier M.A., Bochum
Abbildungen: Verwaltung der Staatlichen Schlösser und
Gärten Hessen, Bad Homburg v.d.H., und Außenstelle
Kassel, Schloss und Schlosspark Wilhelmshöhe
Plan S. 50: Hermann Mielke, Außenstelle Kassel, Schloss
und Schlosspark Wilhelmshöhe

Copyright: Verwaltung der
Staatlichen Schlösser und Gärten Hessen
Alle Rechte vorbehalten

Die Deutsche Bibliothek - CIP-Einheitsaufnahme

Wasserkünste im Schlosspark Wilhelmshöhe : Die Gestaltung des Wassers im Wandel der Gartenkunst des 18. Jahrhunderts / Jutta Korsmeier. [Hrsg.: Kai R. Mathieu]. -
1. Aufl. - Regensburg : Schnell und Steiner, 2000
 (Edition der Verwaltung der Staatlichen Schlösser und
 Gärten Hessen)
 ISBN 3-7954-1287-0

1. Auflage 2000
Verlag Schnell und Steiner GmbH
Leibnizstraße 13
D-93055 Regensburg
Satz und Lithos: Visuelle Medientechnik GmbH,
Regensburg
Druck: Erhardi Druck GmbH, Regensburg
ISBN 3-7954-1287-0

Das Papier entspricht den Frankfurter Forderungen
zur Verwendung alterungsbeständiger Papiere für die
Bücherherstellung (ISO 9706)

Inhalt

Einführung	4
Die Wilhelmshöher Wasserkünste im Spiegel der Gartenkunst des 18. Jahrhunderts	4
Vom Weißenstein zur Wilhelmshöhe: Zur Entwicklungsgeschichte der Wasserkünste	8
Geschichte der Karlsbergwasserkünste	13
Technik und Funktion der Wasserkünste	18
Wo kommt das Wasser her?	20
Vom Oktogon zum Neptunbecken: Der kunstvolle Weg des Wassers	22
Das Oktogon	22
Der Herkules	23
Das obere Wassertheater mit der Vexierwassergrotte	25
Die Freitreppe zum Felsberg	27
Das untere Wassertheater mit dem Riesenkopfbecken	27
Die große Kaskade	28
Das Neptunbecken	30
Geschichte der Wasserkünste im Landschaftsgarten	30
Vom Steinhöfer-Wasserfall zum Lac: Der romantische Weg des Wassers	33
Der Steinhöfer-Wasserfall	33
Der Wasserfall bei der Teufelsbrücke	35
Der Aquädukt	38
Die Peneuskaskaden	40
Die große Fontäne im Fontänenteich	41
Die Jussowkaskade	42
Der Lac	43
Der Neue Wasserfall	44
Parkplan	47
Zeittafel	48
Literaturauswahl	49
Informationen der Schlösserverwaltung	50
Besucherinformationen	52

Einführung

Wasserfall wird der Ort genennet, wo das Wasser von einer Höhe in die Tiefe fällt, es mag solches von Natur geschehen, oder durch die Kunst zuwege gebracht werden.
(Zedlers großes vollständiges Universal-Lexicon aller Wissenschaften und Künste 1732–54)

Die Wilhelmshöher Wasserkünste im Spiegel der Gartenkunst des 18. Jahrhunderts

Diese lexikalische Kurz-Definition des Begriffs „Wasserfall" aus der Mitte des 18. Jahrhunderts könnte durch die Kaskaden und Wasserfälle im Wilhelmshöher Bergpark seine zeitgleiche exemplarische Illustration finden. In der Fortsetzung des Artikels wird als großes Beispiel auch eben *das vortreffliche Werck bey Cassel, der sogenannte Winterkasten* angeführt. Die große Wasserkunst, die unter Landgraf Karl entstanden ist, war eine architektonische und ingenieurtechnische Ausnahmeleistung ihrer Zeit und ist ein Meilenstein in kunst- und gartenhistorischer Bedeutung. Kunst und Natur sind die Leitideen von künstlichen und natürlichen Effekten, die in der Gartengestaltung zunächst des frühen, dann des späten 18. Jahrhunderts angestrebt werden. In diesem Jahrhundert, in dem zunächst die Karlsberganlagen, dann die Wilhelmshöher Wasserkünste entstehen, werden die formalen Gestaltungsprinzipien der französischen Gartenkunst durch die neue landschaftliche Gartenkunst aus England abgelöst. In diesem Ablöseprozeß sind die Gestaltungsphasen der Wasserkünste im Kasseler Bergpark ein Spiegel dieser Entwicklungen in der Gartenkunst des 18. Jahrhunderts. Hier ist es möglich, die Regeln großer Gartenkunstepochen an der Gestaltung des Wassers und der Wasserkünste nachzuvollziehen. Die Bedeutung des Parks beruht neben seiner Hanglage darauf, dass sich unterschiedliche Stilstufen der Gartenkunst durchdringen: der wasserreiche Terrassengarten der italienischen Spätrenaissance und des Frühbarock, der formale französische Garten des Hochbarock und der unregelmäßige engli-

Die Karlsberganlagen etwa Mitte des 20. Jahrhunderts. Die die Kaskade säumenden Tannen fokussierten den Blick auf das Oktogon.

J. E. Hummel, Ansicht der Wilhelmshöhe, 1799/1800, Staatliche Museen Kassel.

sche Landschaftsgarten. Viele barocke, geometrische Gartenanlagen Europas wurden durch die aufkommende Mode des landschaftlichen Gartenstils in ihren Grenzen aufgelöst und überformt. Die Besonderheit der Wilhelmshöhe liegt eben darin, dass die überkommenen Gestaltungsmuster des Wassers und der ihm als Bühne dienenden Wasserkünste bewahrt blieben, selbst als der „moderne" Gartenstil Englands Einzug hielt. Fast könnte man das nur fragmentarisch ausgeführte Wasserkunstprojekt Landgraf Karls als positive Voraussetzung für den späteren Landschaftspark werten, der in dieser „Lücke" seinen Platz finden konnte, ohne das Vorhandene auszulöschen.

Die barocken Karlsberganlagen mit Oktogon, Wassertheater und Kaskade sind durch ihre symmetrische und axiale Gestaltung als ideales Bild einer gewollten Künstlichkeit und sichtbaren Kunstfertigkeit zu verstehen. Das Wasser wird nach den Regeln der formalen Gartenkunst

Die Einbindung der Karlsbergachse in den Landschaftsgarten. Im Vordergrund die Plutogrotte und der Höllenteich.

in geometrische Formen gegossen und als fließende Substanz über Fontänen, Becken und Treppen von Form zu Form geschüttet.

Das englische Landschaftsideal verlangt das Wasser in seinen natürlichen Erscheinungen und integriert es als Bach und Fluss, als Wasserfall und Quell, als Teich und See in die zu gestaltende Gegend. Dieses im Zeitalter der Aufklärung, in der empfindsamen Zeit der Romantik erwachsene Idealbild einer freien und in diesem Sinne schönen Natur macht auch auf der Wilhelmshöhe wiederum das Wasser zum Hauptobjekt der neuen Gartenkunst. Landgraf Wilhelm IX. ließ über den gesamten Park mehrere Wasserfälle und Teiche, Bäche und Wassersprünge, einen See, ja sogar eine künstliche Ruine, den Aquädukt mit tosendem Wassersturz, erschaffen. Diese „romantischen" Wilhelmshöher Wasserkünste sind eingebettet in ein Konzentrat schöner Natur, das zugleich ein Arrangement und eine Sammlung botanischer Besonderheiten ist.

Die Teufelsbrücke ohne Wasserbefluss in Herbststimmung.

Die Wilhelmshöhe wirkt heute als architektonisch und gartenkünstlerisch harmonisches Ensemble, obwohl es in seinen wesentlichen Strukturen und Elementen in einer Zeitspanne von nahezu 130 Jahren, von etwa 1700 bis 1830, entstanden ist. In diesem Heft soll ein bedeutender und kennzeichnender Teil des Gesamtkunstwerkes Wilhelmshöhe vorgestellt werden: Die Wasserkünste und die damit verbundene virtuose Wassergestaltung. Sie führen ein abwechslungsreiches Wasserprogramm vor, das den Besucher mit allen Sinnen wahrnehmen lässt. Der Park umfängt den Betrachter wie ein begehbares Gemälde. Kein anderes Kunstwerk bietet eine derartig vielfältige Anzahl an Perspektiven, Ausblicken und Ansichten, die zudem durch den jahreszeitlichen Wandel ständig verändert werden. Doch die Wasserkünste erweitern diesen Wahrnehmungsprozess noch zusätzlich durch akustische und taktile Effekte. Sie stellen in ihrer ästhetischen Vielfalt ein einmaliges Beispiel im Rahmen der europäischen Gartenkunstgeschichte dar, die auch in ihrer technischen Konstruktion ihresgleichen suchen.

Die Entstehungsgeschichte der Weißensteiner und späteren Wilhelmshöher Wasseranlagen ist spannend nachzuvollziehen. Auf Phasen konzentrierter Planung und zügig voranschreitender Bauarbeiten unter Landgraf Karl folgen Jahre der Stagnation und Orientierungsunsicherheit, bis in einer zweiten großen Entwicklungsphase die Wilhelmshöhe zu ihrer Form geführt wird. Es ist wichtig, vor Augen zu haben, dass die Wilhelmshöhe, wie sie uns heute als einheitliches Bild erscheint, über die Zeit von fast zwei Jahrhunderten nach und nach zusammengewachsen ist und ständig in einzelnen Bereichen verändert, erweitert und erneuert wurde.

Anstelle der alten Gebäude von *Kloster Witzenstein* wurde von Landgraf Moritz (reg. 1596–1627) in den Jahren 1606–1610 das *Schloss Weißenstein* errichtet, das bevorzugt für Jagdaufenthalte benutzt wurde. Durch eine auf das

Vom Weißenstein zur Wilhelmshöhe: Zur Entwicklungsgeschichte der Wasserkünste

Durch schattigen Buchenwald fließt das Wasser vom Höllenteich zum Aquädukt.

Historische Ansicht der „Kaskaden, welche zum Aquädukt führen". Stahlstich von F. Schroeder nach G. Kobold, 1797.

Schloss bezogene, aber entfernter liegende Grotte an einem Fischteich wurde 1615–1617 erstmals der Versuch unternommen, einen Teil des damals noch völlig bewaldeten Berghangs in eine Gartenanlage einzubeziehen. Nach langer Unterbrechung begannen am Ende des 17. Jahrhunderts unter Landgraf Karl (reg. 1677–1730) wieder gestaltende Arbeiten beim Schloss Weißenstein. Der Ostabhang des Habichtswaldes erhielt dann am Anfang des 18. Jahrhunderts mit der markanten Errichtung von Oktogon und Herkules, Wassertheater und Kaskade die Bezeichnung *Karlsberg*. Erst mit der Vollendung des neuen Schlosses im klassizistischen Stil und der Umgestaltung der Weißensteiner Gartenanlagen zu einem englischen Landschaftsgarten unter Landgraf Wilhelm IX. (reg. 1785–1821) trug die *Wilhelmshöhe* seit 1798 ihren neuen Namen.

Die Anlagen der Wasserkünste sind in den Regierungszeiten von fünf Landgrafen, bzw. Kurfürsten, entstanden: die nicht erhaltene „Moritzgrotte" um 1615, die barocken Karlsberg-Wasserkünste von etwa 1690 bis 1718, die große Fontäne Friedrichs II. vor Schloss Weißenstein ab 1760, die romantischen Wasserkünste des Wilhelmshöher Landschaftsgartens ab 1785 und seit 1823 der „Neue Wasserfall" unter Kurfürst Wilhelm II.

DELINEATIO MONTIS, 1706. Grundriß und Längsschnitt des vollständigen Karlsbergprojektes. Verwaltung der Staatl. Schlösser und Gärten Hessen, Bad Homburg v.d.Höhe

Man muss sich vorstellen, dass es im Kasseler Bergpark immer wieder einzelne Bereiche gab, die über kurz oder lang den Charakter einer Baustelle hatten. Auch sind beständig und regelmäßig Reparaturen und Pflegearbeiten durchzuführen gewesen, was besonders für das Oktogon und die große Kaskade gilt. Pflanzungen, die heute hoch und dicht erscheinen, sind einmal jung und licht gewesen oder inzwischen wegen Überalterung abgängig und wiederum durch junge Bäume ersetzt worden. Blickbeziehungen zwischen den einzelnen Parkbauten der Wilhelmshöhe, die es im frühen 19. Jahrhundert noch gab, sind heute zum Teil durch den hochgewachsenen Baumbestand nicht mehr vorhanden.

Einige Elemente der Parkgestaltung waren nur von begrenzter Lebensdauer, mussten neuen Gartenmode-Erscheinungen weichen und sind uns heute nur noch durch schriftliche und bildliche Überlieferungen bekannt. Das gilt besonders für die Gestaltungsphase in der Mitte des 18. Jahrhunderts unter Landgraf Friedrich II. (reg. 1760–1785). Friedrich II. war eigentlich derjenige, der erstmals den weiten, damals noch ungestalteten Bereich zwischen der Kaskade seines Großvaters Karl und dem Schloss seines Urgroßvaters Moritz praktisch von der

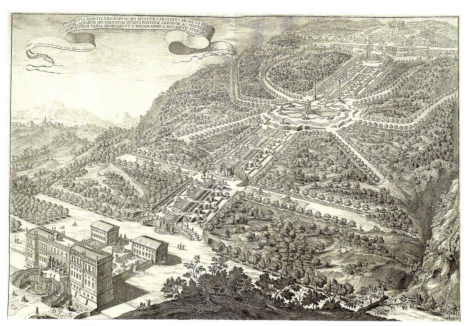

DELINEATIO MONTIS, 1706. Gesamtansicht und Idealplan des Karlsberges von Nordosten. Alessandro Specchi nach Giovanni Francesco Guerniero.

„Waldwildnis" in einen Park verwandeln ließ. Der Gartenmode seiner Zeit entsprechend, stattete er den Berghang mit romantischen Einsiedeleien, antikisierenden Grabmälern, mythologischen Skulpturen, Tempeln und einer Pyramide aus. Während die von Stein gebauten Parkarchitekturen die Zeit eher überdauern, gehen die hölzernen oder auch mobilen Elemente wie Staffagen und Skulpturen leicht über die Jahrhunderte verloren. Glücklicherweise ist ein besonderer Höhepunkt der Wasserkünste erhalten, der der Initiative Landgraf Friedrichs II. zu verdanken ist: Auf ihn geht die Einrichtung der großen Fontäne zurück. Aber auch die Mühe und der große finanzielle Aufwand Friedrichs II. für die ständigen Reparaturen und Instandhaltungsarbeiten an Oktogon und Kaskade sind keineswegs gering zu schätzen. Nur weil Landgraf Friedrich II. wie auch seine Nachfolger den Karlsberganlagen schon frühzeitig eine intensive Denkmalpflege zuteil werden ließen, ist das Wahrzeichen Kassels noch heute intakt.

Die große Kaskade mit Oktogon und Neptunbecken.

Unter Friedrichs Sohn und Nachfolger, Landgraf Wilhelm IX. (ab 1803 Kurfürst Wilhelm I.), erlebt der Kasseler Bergpark eine weitere große Zeit der gartenkünstlerischen und architektonischen Erneuerung. Während die Ausformung der Wilhelmshöhe als Landschaftsgarten mit den „natürlichen" Wasserfällen, dem ruinösen Aquädukt und dem malerischen Schlossteich vom Höhepunkt der Popularität der englischen Gartenkunst in Europa getragen wird, steckt das Projekt für den Schlossneubau im ausgehenden 18. Jahrhundert in einer Krise. Lange Zeit wurde um die angemessene und überzeugende Form für ein neues Schloss gerungen. Auch der Bau der Löwenburg, die den Eindruck einer schaurig-schönen mittelalterlichen Burgruine erweckt, ist von Landgraf Wilhelm IX. veranlasst worden. Sie war sein Lieblingsaufenthaltsort, an den er sich privat zurückzog und wo er auch begraben liegt.

Unter der Regierung des Kurfürsten Wilhelm II. (reg. 1821–1831) entsteht dann, über hundert Jahre nach der Vollendung der Kaskade Karls, ein weiterer großer *Neuer Wasserfall*, als letzte, den Park bereichernde Wasserkunst. Dieser Wasserfall liegt jedoch schon seit Jahrzehnten

Wasserüberflossener Kaskadenarm am Riesenkopfbecken. Das Wasser wird zu transparenten Filmen gespannt.

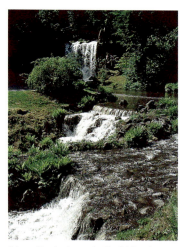

Wasserüberlauf von der Teufelsbrücke zum Höllenteich.

im wahrsten Sinne auf dem Trockenen, funktioniert nicht mehr und verfällt zusehends. Eine Vorstellung der Dimension dieser (kaum mehr erkennbaren) Wasserkunst verschaffen uns heute zumindest Fotografien aus der Zeit nach 1900, als er noch funktionstüchtig war. Es bleibt zu hoffen, dass der Neue Wasserfall in nicht allzu ferner Zukunft doch wieder restauriert und instandgesetzt werden kann.

Der Spaziergang durch den Bergpark lässt den Besucher erkennen, dass das Wasser als künstlerisches Element beständig präsent ist und die gewollt kunsthaften Karlsberganlagen mit den späteren, naturschönen Wasserkünsten im Landschaftspark verbindet. Das Wasser überwindet die Gestaltungsunterschiede der Epochen und vereint sie letztendlich harmonisch in unserer Wahrnehmung.

Geschichte der Karlsbergwasserkünste

An der Wende vom 17. zum 18. Jahrhundert wird der Grundstein zum Wilhelmshöher Bergpark gelegt. Landgraf Karl war der Bauherr der Karlsberganlagen mit Oktogon und Herkules, Wassertheater und der großen Kaskade. Sie bildeten letztlich auch den Ausgangspunkt für alles später Geschaffene. Doch setzte während seiner 57jährigen Regierungszeit nicht nur auf dem ehemaligen Weißenstein eine umfassende Bautätigkeit ein. Die kleine Landgrafschaft Hessen-Kassel hatte im 30jährigen Krieg schweren Schaden erlitten, ihre Bevölkerung war stark dezimiert. Karls vordringlichste Aufgabe war es, die wirtschaftliche Leistung und militärische Kraft des Landes wieder aufzubauen. Um die Leistungskraft der Bevölkerung rasch zu stärken, öffnete er als einer der ersten deutschen Fürsten sein Land den verfolgten französischen Glaubensflüchtlingen. Der Ausbau der Residenzstadt Kassel war ein vorrangiges Ziel, in dem u.a. die Bauprojekte Auepark mit Orangerieschloss und Marmorbad verwirklicht wurden.

Auch die Förderung der Wissenschaften und der Kunst war ein hochrangiges Anliegen des Landgrafen, der namhafte Wissenschaftler, Architekten und Künstler an den Kasseler Hof rief.

Für Landgraf Karl kristallisierte sich im Rahmen seiner wirtschaftlichen und kunstfördernden Ambitionen besonders die Wasserkunst als bedeutende, ja leidenschaftlich getriebene Bauaufgabe heraus. Der Reichtum vorhandener Wasserquellen sowie die Fülle an Baumaterial aus den Steinbrüchen des Habichtswaldes ermöglichte es, dem kreativen Potential des Landgrafen Gestalt zu verleihen. Die Idee zu einer imposanten Kaskadenanlage kann sicherlich Landgraf Karl selbst zugeschrieben werden. Im Dezember 1699 bricht er zu einer viermonatigen Reise durch Italien auf und besichtigt dort Villen mit prächtigen Gartenanlagen und Kunstsammlungen; so lernt er auch die idyllische Landschaft bei den Wasserfällen von Terni und Anio kennen. Die Erlebnisse dieser Reise wurden 1722 als *Diarium Italicum* in Kassel veröffentlicht. Karl fand in den Gärten an den Hängen bei Rom Anregungen zur Anlage von Wasserkünsten, die durch ihre vergleichbare Topografie ein greifbares Anschauungsmaterial dessen wurden, was dem Landgrafen für den Karlsberg schon vor Augen geschwebt haben mochte. Besonders die Wasserkünste der *Villa Aldobrandini bei Frascati* sind in ihrer Komposition und Ausstattung als Ideenlieferant für die Wassertheater und Kaskadenanlagen auf dem Karlsberg unverkennbar.

Für den Entwurf der Karlsberganlagen nach den Ideen des Landgrafen wurde der Architekt und Stuckateur *Giovanni Francesco Guerniero* (1665–1745) aus Rom engagiert. Er stand schon ab 1701 für die Bauleitung des Oktogons mit dem Kasseler Hof unter festem Vertrag. Den ursprünglichen Entwurf zeigt eine Kupferstichfolge aus dem Jahr 1705 mit dem Titel Delineatio Montis a metropoli hasso-casselana (Die eigentliche Abbildung des bei der Residenzstadt Hessen-Cassel gelegenen Berges). Auf 16 Blättern ist in verschiedenen Ansichten, Grundrissen und Längsschnitten das vollständige Projekt der Karlsbergwasserkünste zu sehen, die idealer Weise ständig von Wasser überlaufen werden sollten.

Landgraf Karl konnte absehen, dass die Vollendung des gesamten Wasserkunstprojektes nicht realisierbar war. Somit machte er seine Idee der Wasserkünste schon während der Entstehungszeit durch die öffentliche Präsentation eines 63 Meter langen Holzmodells, einer Gemäldeserie sowie des Kupferstichwerkes DELINEATIO MONTIS bekannt. Die Zeitgenossen wurden neugierig auf die phantastischen Wasserspielereien und pilgerten regelrecht nach

Oberes Wassertheater, Fontäne im Artischockenbecken.

Kassel, um den Karlsberg, aber auch die Projektmodelle zu besichtigen. In zahlreichen Kommentaren und Reisebeschreibungen sind die Urteile über die Anlage dokumentiert.

Nach der DELINEATIO MONTIS war eine nahezu 1000 Meter lange Wasserachse geplant, die das Oktogon mit einem fast 300 Höhenmeter tiefer gelegenen Schloss verbinden sollte. Diese Wasserachse wird abwechselnd gegliedert durch drei Kaskadenabschnitte und vier halbrunde Grottenanlagen in Form von Amphitheatern. Auf halber Strecke zwischen Oktogon und Schloss sollte ein großes Wasserparterre entstehen, in dessen Zentrum ein Rundtempel aufragt. Am Fuß des obersten Kaskadenabschnitts stehen zwei girlandenumwundene hohe Säulenbrunnen, ein Motiv, das ebenfalls auf die Villa Aldobrandini zurückzuführen ist. Der zweite Kaskadenabschnitt endet erneut mit einem Wassertheater. Hier verläuft auch eine breite, mit Brunnen und Beeten besetzte Querachse. Am Ende des letzten Kaskadenabschnitts fällt das Wasser von der Höhe einer Schauarchitektur in ein Becken hinab. Auch der Entwurf des Schlosses zeigt deutliche Inspirationen aus der italienischen Palast- und Villenarchitektur. An seiner Ostseite befindet sich eine halbrunde Treppenanlage, die eine Grottenarchitektur umfasst.

Der gesamte Karlsberg wird durch horizontale, vertikale und diagonale Linien in Form von Schneisen geometrisch gegliedert. Dabei begleiten geschnittene Hecken und Baumreihen die Schneisen und Kaskaden und grenzen sie deutlich gegen den umgebenden naturbelassenen Wald ab, in dem das Wild umherspringt. Diese Bereiche außerhalb der Wasserkünste dienen als kontrastierende Rahmung.

Von diesem gewaltigen Projekt ist jedoch nur das oberste Drittel – das Oktogon, zwei Wassertheater und der erste Kaskadenabschnitt – entstanden. Der 1718 erreichte Ausbauzustand des Karlsberges blieb schließlich der Endzustand. Dabei entsprechen die ausgeführten Teile selbst in den Details weitgehend der Darstellung in

Flöte spielender Pan in der Grottenhalle im oberen Wassertheater.

der DELINEATIO MONTIS. Durch die spätere Hinzufügung der Pyramide mit Herkules sowie die Anlage des Neptunbeckens erhielt das Fragment Abschlussakzente an beiden „Enden", die die Anlage jedoch durchaus nicht unvollkommen erscheinen lassen.

Gleichwohl konnte sich Johann Wolfgang von Goethe für den Karlsberg nicht begeistern: *Der Winterkasten auf dem Weissenstein, ein Nichts um Nichts, ein ungeheurer Confeckt Aufsatz und so mit Tausend andern Dingen.*

(Tagebuch vom 27. Oktober 1786)

DELINEATIO MONTIS, 1706. Ansicht des unteren Wassertheaters mit dem Riesenkopfbecken. Giovanni Girolamo Frezza nach Giovanni Francesco Guerniero.

Zur Technik und Funktion der Wasserkünste

Der rein technische Ablauf der Wilhelmshöher Wasserkünste ist eine Meisterleistung des Ingenieurwesens im 18. Jahrhundert und funktioniert bis heute in seinem historischen Apparat. Die komplexe und ausgeklügelte Zusammenleitung und Sammlung des Wassers auf dem Hochplateau des Habichtswaldes ging allen künstlerischen Planungen voraus. Sie ermöglicht *ohne* Pumpen und hydraulische Zusatzvorrichtungen, die Wasserkünste in derartig großem Maßstab betreiben zu können. Nicht möglich war es jedoch, die Wasserkünste permanent mit Wasser überfließen zu lassen – eine Wunschvorstellung, die den Landgrafen Karl von Anbeginn beflügelte, die aber an den natürlichen und finanziellen Bedingungen scheitern musste.

Das Figurenprogramm auf dem Karlsberg in der Zusammenschau: Der fontänespeiende Riesenkopf flankiert von hornblasendem Triton und Kentaur. Herkules erscheint in olympischen Höhen.

Wenn die Wasserkünste zwischen Juni und Oktober etwa 50 Mal ablaufen, werden etwa zwei Fünftel der Gesamtmenge des Hauptwasserspeichers verbraucht. Zum Betreiben der großen Kaskade werden ca. 350 000 Liter Wasser freigelassen. (Das entspricht – zur besseren Vorstellung – etwa 1200 Badewannenfüllungen à 300 Liter.) Dabei sind sechs Mitarbeiter über eine Stunde lang damit beschäftigt, die verschiedenen Schieber und Schleusen der Wasserkünste zu öffnen bzw. wieder zu schließen. Obwohl die einzelnen, über den Bergpark verteilten Sammelbecken noch zusätzliche Zuleitungen verschiedener Quellen haben, die nicht der Kaskadenspeisung dienen, findet grundsätzlich ein *zusammenhängender Ablauf* des Wassers über alle Wasserkünste und Reservoirs des Bergparks statt. Dabei bleibt die Wasserversorgung der großen Karlsberganlagen dem Auge des Betrachters bewusst verborgen, während die Reservoirs und Wasserzuleitungen der Wasserkünste im landschaftlichen Parkteil als Teiche, Bachläufe und natürliche Kaskaden sichtbar gestaltet wurden. Mit dem Start des Wasserablaufes in den Wassertheatern unterhalb des Oktogons kann der Besucher das Herunterfließen des Wassers über die große Kaskade, den Steinhöfer-Wasserfall, die Teufelsbrücke und den Aquädukt bis zur großen Fontäne vor dem Bowlinggreen in einem Spaziergang begleiten.

Der Habichtswald ist ein Teil des an Fulda und Werra gelegenen, bis zu 600 Metern hohen Berglandes, das sehr reiche Wasservorkommen besitzt. Reines Oberflächenwasser – die zahlreichen Quellen des Habichtswaldes, das Regenwasser und besonders die Wasserfülle der Schneeschmelze – wird in Becken und Speicherteichen, die hinter dem Oktogon und im Park verteilt sind, gesammelt. Auch die Grubenwässer der – inzwischen nicht mehr betriebenen – Braunkohle-Bergwerke im Habichtswald wurden zusammengeleitet und gesammelt, um sie für die Wasserkünste zu nutzen.

Wo kommt das Wasser her?

Westlich vom Oktogon, höher im Habichtswald gelegen, beginnen die Quell- und Drainagegräben zur Wassersammlung, die das Wasser dem größten Sammelbecken, dem sogenannten *Sichelbachteich*, zuführen. Dieser hat bei einem Umfang von 90 x 70 Metern und einer Tiefe von sieben Metern eine Fassungskapazität von mehr als 40 000 Kubikmetern Wasser. Vom Sichelbachteich führen zwei Verbindungen zu den Reservoirs am Oktogon. Eine verläuft als System kommunizierender Röhren unterirdisch über die Talmulde zwischen Sichelbach und Oktogon. Dieses Wasser wird in den sogenannten *Feuerlöschteich* hinter dem Oktogon geleitet. Die andere Ableitung ist der *Sichelbachstollen*, der den Bergkamm zum Oktogon über etwa 200 Meter durchquert. Er führt das Wasser zu einem Vorratsbecken nördlich des Oktogons, *Unglücksteich* genannt, da dort ein Handwerker 1714 während der Bauarbeiten verunglückte. Ein komplexes System von Leitungen speist dann das *Wasserreservoir im Oktogonhof*, dem zusätz-

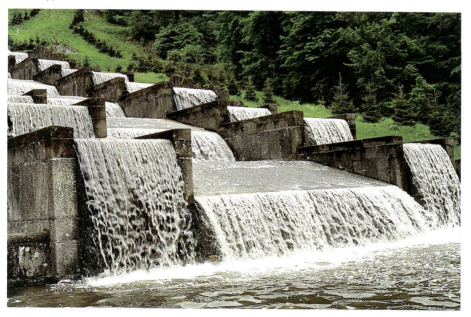

Die neun Meter breite, dreigeteilte Wassertreppe.

lich noch das Regenwasser des Oktogonplateaus zugeführt wird. Werden nun die Schieber und Schleusen geöffnet, startet das Wasserschauspiel zunächst in den zwei Wassertheatern, danach wälzt sich das Wasser über die große Kaskade talwärts.

Vom Oktogon zum Neptunbecken: Der kunstvolle Weg des Wassers

Das Oktogon mit der Herkulesfigur ist auf einer Höhe von 525–528 Meter über NN das weithin sichtbare Wahrzeichen von Kassel. Nach einem einheitlichen Entwurf in der DELINEATIO MONTIS wurde der Bau von 1701 bis 1718 unter der Leitung des Architekten Giovanni Francesco Guerniero aus Rom verwirklicht. Der 28,5 Meter hohe, achteckige Baukörper ist offen und birgt ein Wasserreservoir im Innenhof. Er ist aus vulkanischem Tuffstein gemauert und gliedert sich in drei Stockwerke, die sich aufsteigend von naturhaftem Felsgestein in geordnete Architektur verwandeln. Die beiden unteren Stockwerke sind in grobem Zyklopenmauerwerk gestaltet. An der Außenseite führen Freitreppen zu den oberen Stockwerken. Das untere Stockwerk hat vier mit Rundbögen überwölbte Durchgänge und weist weitere Rundbogennischen in der felsigen Mauerung auf. Im zweiten Stockwerk sind die Bogenfelder der Rundbögen bereits geglättet, wodurch das schroffe Aussehen eine erste Auflösung erfährt. Es vermittelt zum obersten Stockwerk, das in deutlichem Kontrast zur unteren Zone glatte Werksteinfassaden und eine klare toskanische Architekturgliederung aufweist. Die vier hervortretenden Risalite und durchgehenden Bogenstellungen sind in Dreiergruppen gegliedert und tragen die Plattform, auf der die ca. 30 Meter hohe Pyramide an der Ostseite aufragt. Sie ist bekrönt von der Kolossalstatue des farnesischen Herkules.

Das Oktogon

Nach einer Bauzeit von knapp 20 Jahren musste die Anlage frühzeitig und permanent restauriert werden. Durch die verschiedenen Bau-

Der Fontänenteich als Spiegel des Landschaftsgartens

Der Herkules

mängel war das Oktogon bald instabil. Die großen offenen Bogenstellungen des Obergeschosses mussten ausgemauert werden, wenn die Anlage nicht einstürzen sollte. Dadurch verlor das Oktogon sein ursprünglich viel leichter wirkendes Erscheinungsbild. Die Erhaltung des Bauwerks hat bis in die Gegenwart immer wieder den Einsatz beträchtlicher Mittel erfordert.

Nach einer fast 20jährigen Bauzeit zeichnete sich für Landgraf Karl ab, dass seine große Wasserachse nicht vollendet werden konnte. So beschloss er, den Karlsberg mit einer kolossalen Statue zu bekrönen, einer Nachbildung des Herkules Farnese, den er im Jahr 1700 auf seiner italienischen Reise gesehen hatte. Sie erschien ihm als angemessener Abschluss für seine unfertige monumentale Anlage auf dem

Die Teufelsbrücke mit Höllenteich.
Lithographie von J.H. Bleuler, 1823,
Verwaltung der Staatlichen Schlösser und
Gärten, Graphische Sammlung.

Habichtswald. Von 1713–1717 wurde die Statue aus 2,5 bis 3 Millimeter starkem Kupferblech durch den Goldschmied Johann Jakob Anthoni aus Augsburg angefertigt und 1718 aufgestellt. Die 8,25 Meter große Figur war im Gesamtplan der DELINEATIO MONTIS von 1705 noch gar nicht vorgesehen. Die Sichtbarkeit des Oktogons wird durch die Pyramide und die Herkulesfigur noch erhöht, wobei sie zusätzlich die Glorifizierung des Herrschers versinnbildlichen. Der Kasseler Herkules hat die elfte der zwölf sagenhaften Taten erfüllt und die goldenen Äpfel der Hesperiden, die von einem Drachen bewacht wurden, gepflückt. Der Held steht in gebeugter, sich ausruhender Haltung. Auf seine Keule gestützt, blickt er herab, die erbeuteten Äpfel hält er hinter dem Rücken in der Hand. Schon die Pyramide ist eine Anspielung auf den Ruhm des Landesfürsten, doch die Figur des Halbgottes Herkules, der die Macht und Tugend des Herrschers verkörpert, galt im Barock als Inbegriff des siegreichen Helden, der die Erde zivilisiert

Das obere Wassertheater mit der Vexierwassergrotte

Der Graben vom Steinhöfer-Wasserfall zum Wasserfall unter der Teufelsbrücke ist landschaftlich eingebunden.

und ihre Naturgewalten bezwingt. Landgraf Karl bediente sich dieses Bildes, um sich als Landesherr und Beherrscher des Wassers ein weithin sichtbares Denkmal zu setzen.

Die halbrunde Grottenanlage umschließt einen Hof, der nach Osten geöffnet ist. Die Anlage ist in der Art des Zyklopenmauerwerks verkleidet und vermittelt, wie schon das Oktogon, den Eindruck, aus gewachsenem Fels herausgehauen worden zu sein. Im Zentrum der Anlage befindet sich die Vexierwassergrotte, die sich in einer dreiteiligen Pfeilerarkade zum Hof öffnet. Von den Seiten dieser Halle führen zwei konkave, achsensymmetrische Felsflanken um die kleineren Grotten herum, die den Hof beidseitig abschließen. Im Rücken dieser Felsflanken verlaufen zwei Treppen, die äußere dient als Besuchertreppe, die innere wird von Wasser überflossen. Die Kaskaden umschließen das Theater wie zwei Wasserarme, deren Nass am Fuß der Treppe in einen Schacht fällt und unterirdisch weitergeleitet wird.

Die in der DELINEATIO MONTIS als Crypten bezeichneten, kleineren Seitengrotten bergen unter ihrem äußerlichen, scheinbar urwüchsigen Tuffsteinmauerwerk kleine quadratische Räume. Diese waren ursprünglich architektonisch gegliedert. Mosaiken aus Glasfluss, Muscheln und Kiesel bedeckten das Innere und verliehen diesen Grotten ihre zum Äußeren ehemals kontrastreiche Ausschmückung.

Hinter den Crypten sind drei Nischen in die Felsflanken eingelassen, die das Arkadenmotiv der zentralen Grotte widerspiegeln. Unterhalb der mittleren Nische entspringt über einer Felsaufhäufung eine Fontäne, deren Wasser in ein vorgelagertes ovales Becken zurückläuft.

Eine vierstufige, U-förmige Treppe führt auf den Innenhof herab und leitet mit ihrer geschwungenen Linearität zur geometrischen Form des zentralen Wasserbeckens über. In diesem Becken ist eine Felsformation aufgehäuft, die ursprünglich eine Fontänenmündung in

Form einer großen Artischockenblüte besaß. Obwohl diese längst verloren ist, trägt das Becken noch immer die Bezeichnung „Artischockenbecken".

In der Grottenhalle sitzt eine Figur auf einem Felsen, deren Hörner und üppiger Haar- und Bartwuchs uns das flötenspielende Wesen als Pan erkennen lassen. In der DELINEATIO MONTIS wird die Figur als „Cyclops" bezeichnet, denn auch der einäugige Zyklop *Polyphem* der griechischen Sage bewohnt als flötespielender Hirte eine grottenartige Höhle. Schon 1705 wurde eine unsichtbare Wasserorgel hinter der Panfigur eingebaut, deren Melodien die Besucher in die Grotte locken sollten. Dann wurden „per Knopfdruck" des Wärters die Vexierwasser, feine Wasserstrahlen aus Fußboden und Wänden, angelassen, die die ahnungslosen Gäste nassspritzten. Noch heute funktionieren die zur Erbauungszeit sehr beliebten Vexierwasser, wenn auch nicht mehr im ursprünglichen Umfang.

An den Schmalseiten der Grottenhalle befinden sich Nischen, denen kleine Becken vorgelagert sind. In diesen ragen künstliche Felsgebilde auf, aus denen der sogenannte *Fons Cyclopis* in Form eines Fontänentisches entspringt. Die runde Brunnenschale wirkt – entsprechend der grottenartigen Gesamtgestaltung – wie aus dem Fels gewachsen. Dabei scheint das beständig rieselnde Wasser stalaktitenartige Kalkzapfen am Rand der Schale gebildet zu haben, die sich bis über den Schaft fortsetzen.

Zur weiteren figürlichen Ausstattung der Grotte gehört die Allegorie des Neides: Eine weibliche Gestalt, die eine Schlange, als Symbol von Sünde und Laster, an ihren entblößten Brüsten nährt. Die Allegorie der Zeit, auch Chronos genannt, ist eine geflügelte männliche Gestalt, die das Stundenglas, als Symbol der ablaufenden Lebenszeit, in der rechten, und die Sense, als Attribut der Vergänglichkeit, in der linken Hand hält. In den weiteren Nischen befanden sich noch die Allegorien der Liebe und Hoffnung.

DELINEATIO MONTIS, 1706. *Fons Cyclopis.* Fontänentisch in der Grottenhalle des oberen Wassertheaters, von Alessandro Specchi.

Die Freitreppe zum Felsberg

Eine doppelläufige, symmetrische Treppenanlage verbindet die beiden Wassertheater. Quer zur Wasserachse führen zwei breite, rampenartige Treppen auf eine Terrasse, deren Mitte ein künstlich arrangierter Felsversturz einnimmt. Sie streifen zwei wuchtige ovale Wasserbecken, die mit grobem Zyklopenmauerwerk verkleidet sind. In der oberen Mitte der Felsaufhäufung ist ein schalenartiger Brunnen eingelassen, aus dem sich das Wasser ergießt und sich seinen regellosen Weg über den Felsberg sucht.

Das untere Wassertheater mit dem Riesenkopfbecken

Eine doppelläufige Treppe bildet wiederum den Rahmen, die das Wassertheater beidseitig im Halbrund einfasst. Die äußeren Fußgängertreppen werden von einem hochgestuften Kaskadenlauf begleitet, der von Wasser überflossen wird. Im Zentrum der Anlage befindet sich ein großer, zerklüfteter Felsberg, der von der Höhe der Freitreppe hinab bis in das passförmige Becken hineinreicht und fast die gesamte Hoffläche einnimmt. Aus der Wasserfläche schaut das Gesicht eines steinernen Riesenkopfes heraus, während der Körper des Riesen unter dem Felsberg begraben zu sein scheint. Die Szene wird von den mythologischen Figuren eines Tritons und Kentaurs flankiert. Sie blasen auf Kupferhörnern, die durch das Prinzip von Wasserdruck und Luftverdrängung derartig laut ertönen, dass es sogar im zwei Kilometer entfernten Kassel hörbar ist. Der Höhepunkt in diesem Wassertheater ist jedoch die ca. 12 Meter hohe Fontäne, die aus dem Mund des Riesenkopfes aufsteigt, während das Wasser in rauschenden Massen über den zerklüfteten Felsberg herabströmt.

Seit der Errichtung der Herkulesstatue wurde die skulpturale Ausstattung der Karlsberganlagen programmatisch auf den Herkules bezogen. In dieses Interpretationsmuster fügt sich auch der fontänenspeiende Riesenkopf, der als Kopf des Giganten Enkelados gedeutet wird. Nach der griechischen Mythologie war dieser der stärkste der Giganten, die den Olymp erobern wollten. Nur mit der tatkräftigen Hilfe des Herkules konnten die Götter die Giganten bezwingen. Nach der Schlacht wurden die besiegten Giganten unter Inseln und Bergen begraben. In der Zusammenschau von Riesenkopf und Herkulesfigur liegt der besiegte Gigant unter einem wasserüberflossenen Berg begraben, Herkules schaut aus „olympischen Höhen" auf ihn herab. Diese Deutung als Gigantomachie blieb für den Karlsberg geläufig, auch wenn das Riesenkopfbecken schon zu einem Zeitpunkt angelegt worden war, zu dem der Plan für eine Herkulesfigur auf dem Oktogon noch gar nicht existierte. Landgraf Karl hatte den wasserspeienden Riesenkopf auf seiner italienischen Reise im Garten der Villa Aldobrandini gesehen. Er war von Anbeginn im Gesamtkonzept der DELINEATIO MONTIS dargestellt.

Der insgesamt 210 Meter lange und neun Meter breite Wasserlauf ist dreigeteilt. Die 5,50 Meter breite Mittelkaskade wird beidseitig von auf angehobenem Niveau verlaufenden Seitenkaskaden von 1,75 Meter Breite begleitet. Dabei korrespondiert eine Kaskadenstufe des mittleren Wasserlaufs mit jeweils zwei Absätzen der seitlichen Wassertreppen. Die Stufenkanten des Mittellaufes sind in der Fließrichtung des Wassers konkav ausgebildet. Die Abschrägung der Kanten und der Stufenoberfläche erzielt den Effekt eines geschlossenen Wasserfilms. In den Kaskadenlauf sind drei Becken (20,5 x 11 Meter) riegelartig eingeschaltet, die die Wasserachse in vier Abschnitte gliedern.

Wenn die Wassermassen freigelassen werden, nehmen sie Stufe für Stufe der Kaskade in ihren Besitz. Ca. 350 000 Liter Wasser wälzen sich brausend und rauschend auf ihrem vorbestimmten Weg den Berghang hinunter. Die zwischengeschalteten Becken scheinen für Momente das Wasser zu sammeln und aufhalten zu können, bevor es über die Neptungrotte hinweg in das Neptunbecken stürzt.

Die große Kaskade

Blick über den Lac zum Schloß

Das Neptunbecken (ca. 60 x 30 Meter) wurde zum unteren, abschließenden Element der unvollendeten Wasserachse. Die Neptungrotte bildet mit einer dreiteiligen Rundbogen-Pfeilerarkade die Stütze und den Unterbau der letzten Kaskadenstufe. Bei der amphitheaterförmigen Anlage nimmt das Wasserbecken die gesamte Fläche vor der Grotte ein, das ursprünglich mit kleinen Fontänen besetzt war. Das Becken hat einen Umgang, über den man in die Grotte gelangen kann. Die Felswände sind vom Scheitel der Grotte bis zum Beckenniveau wiederum in Zyklopenmauerwerk gestaltet und vollziehen das Gefälle des Hanges nach. In der Mittelnische der Grottenhalle sitzt die langbärtige Figur des Neptun auf einem Muschelthron, den Dreizack in der Hand haltend. Neptun, der Gott des fließenden Wassers und des Meeres, befindet sich durch die vor ihm herabstürzende, 6 Meter hohe Wasserwand für den Zeitraum der geöffneten Schleusen in einem realen Wasserreich. Er bleibt jedoch unerreichbar – gleichsam in seine tiefen, göttlichen Sphären entrückt – hinter dem Schleier der niederstürzenden Wassermassen.

Das Neptunbecken

Figur des Wassergottes Neptun auf dem Muschelthron.

Geschichte der Wasserkünste im Landschaftsgarten

Eine vergleichbare Gesamtkonzeption wie sie die DELINEATIO MONTIS für den Karlsberg zeigt, hat es für die Wasserkünste der späteren Wilhelmshöhe nicht gegeben. Auch sind die Wasserkünste im Landschaftsgarten nicht in der Reihenfolge entstanden, in der das Wasser über sie hinabfließt. Nach der zwar unvollendeten, jedoch konsequenten Gestaltungsphase unter Landgraf Karl kam die Entwicklung des Parks zunächst für einige Jahrzehnte in Stocken. Ab 1760 ließ Landgraf Friedrich II. den weiten Bereich zwischen Kaskade und Schloss Weißenstein, der bis dahin noch Wald war, erstmals parkartig ausgestalten. Um 1784 zeigt sich der Park als ein Konglomerat verschiedenster

Gebäude und Staffagen, und zugleich ist hier schon der Einfluss von Formen und Elementen der neuen englischen Gartenkunst erkennbar. Diese Vermischung und das Nebeneinander überholter und moderner Gestaltungselemente auf dem Weißenstein zur Zeit Friedrichs II. ist von den Zeitgenossen nicht selten mit Kritik bedacht worden. Zu der großen Zahl von Szenerien kamen kleinteilige raumbildende und gärtnerische Gestaltungsmuster, die von den Karlsberganlagen überragt, wenn nicht sogar visuell erdrückt wurden. Die Gartenanlagen auf dem Weißenstein wurden um 1780 als antiquiert und unbefriedigend empfunden, da kein übergreifendes gestalterisches Prinzip erkennbar war.

Erst dem Landgrafen Wilhelm IX., der 1785 die Regierung übernahm, sollte es gelingen, die nach ihm benannte Wilhelmshöhe einem weiteren gestalterischen Höhepunkt entgegenzuführen. Er setzte die Umgestaltung des Parks nach englischem Vorbild mit Konsequenz fort, wobei ihm qualifizierte Fachleute zur Seite standen. Der Gartendirektor *Daniel August Schwarzkopf*, der Architekt *Heinrich Christoph Jussow* und der Wasserkunst- und Brunneninspektor *Karl Friedrich Steinhofer* haben die Vorstellungen des Landgrafen in idealer Weise realisiert. Grundlegend für eine gelungene Weiterentwicklung der Anlage war die Anerkennung der barocken Gartenachse als das Maß aller Vorhaben. Sie fand ihre Weiterführung in der Wilhelmshöher Allee und bestimmte auch Standort und endgültige Fassung des zwischen 1786 und 1798 von du Ry und Jussow erbauten dreiteiligen Schlosses. Die zu unterschiedlichen Zeiten entstandenen Parkbereiche werden durch die Löwenburg (1793–1801) sowie durch die kleineren Parkarchitekturen Jussows, aber besonders durch die neuen Wasserkünste zu einem einheitlichen Bild vereint. Die Entwicklung des Parks unter der planerischen Leitung von Jussow überzeugt durch die Übersichtlichkeit und Großzügigkeit aller gestalterischen Elemente, die im Gegensatz zur Kleinteiligkeit des Parks unter Fried-

Blick vom Fontänenteich über die Peneuskaskaden zum Aquädukt.

rich II. stehen. Die überkommenen geometrischen Formen wie das rosettenförmige Fontänenbassin oder das nahezu rechteckige Bowlinggreen wurden in unregelmäßige, natürlich wirkende Formen und Flächen umgestaltet. Die großzügige Neukonzeption des geschwungenen Wegesystems wie auch die Zusammenführung kleinerer Bäche zu breiteren Wasserläufen strukturierten den Bergpark neu. Sie schufen zusammen mit dem großen, aus der Achse gerückten Lac ein angemessenes Gegengewicht zur symmetrischen Vorgabe der Karlsbergachse.

Die Planung von Wasserkunstanlagen, die schließlich den unverwechselbaren Charakter der Wilhelmshöhe prägen, war eine der Hauptaufgaben des Hofbaumeisters. Neben dem von Jussow nach englischem Vorbild gestalteten neuen Blick- und Wegesystem stellt das Wasser das wichtigste verbindende Element der gesamten Anlage dar.

Jussows erste konkrete gartenkünstlerische Aufgabe bestand in der Anlage einer Kaskade am Fontänenteich, mit der bereits 1786 begonnen wurde. Diese sogenannten Peneuskaskaden leiten nach ihrer Fertigstellung 1803 das abfließende Wasser des Aquäduktes in das Fontänenbassin. 1786 begann auch die Vereinigung der fünf südöstlich des Schlosses gelegenen Fischteiche zu einem natürlich wirkenden See, dem Lac. Das Fontänenbassin, das ursprünglich als Vierpass gestaltet war, wurde ebenfalls in einen unregelmäßigen Teich umgewandelt. Die Fontäne wurde aus dem Zentrum des Beckens an den nördlichen Rand verlegt und ihre Sprunghöhe zudem vergrößert. Von 1788 bis 1791 dauerten die Bauarbeiten am Aquädukt, eine als Ruine errichte römische Wasserleitung, die zwar recht zentral im Park liegt, doch nördlich aus der großen Achse verschoben ist. Die von kleineren Wasserstürzen umfangene Roseninsel im Westende des Lac sowie die Jussowkaskade im südlichen Schlossbezirk wurden seit 1789 angelegt. 1791 begann die Umgestaltung des regelmäßigen Fontänenreservoirs über der Plutogrotte zu einem in das Landschaftsbild eingebundenen Teich. Dieses Reservoir speist den darunter liegenden Wasserfall unter der Teufelsbrücke, der ebenfalls 1791 unter der Leitung Jussows begonnen wurde. Von dort aus ergießt sich das Wasser in den Höllenteich vor der Plutogrotte. Als letzte Wasserkunst wurde in der südwestlichen Peripherie des Landschaftsgartens durch den Brunneninspektor Steinhofer seit 1793 ein Waldwasserfall eingerichtet. Seine Wasserversorgung wird durch den 1796 angelegten Asch-Bergsee gewährleistet, der am südlichen Rand des Bergparks situiert wurde. Der größte der natürlich wirkenden Wasserfälle, der Neue Wasserfall, an der Nordseite des Wilhelmshöher Parkes ist unter Kurfürst Wilhelm II. ab 1823 entstanden und mit den kleinen Kaskaden, die den Lac-Abfluß bilden, die jüngste Wasserkunst des Kasseler Bergparks.

Vom Steinhöfer-Wasserfall zum Lac: Der romantische Weg des Wassers

Der Steinhöfer-Wasserfall

Der Steinhöfer-Wasserfall war ursprünglich von dichtem Buchenwald umgeben.

Künstliche Wasserfälle sind eine sehr seltene Staffage in den europäischen Landschaftsgärten. Nicht jedoch auf der Wilhelmshöhe, die gleich mit fünf dieser gartenkünstlerischen Besonderheiten aufwarten kann. Diesen Waldwasserfall erreicht der Besucher als erste Wasserkunstanlage nach dem Neptunbecken des Karlsberges, obwohl er als einer der letzten Anlagen im Landschaftsgarten entstanden ist. Der Ursprung des Wasserfalls wird zwar in zahlreichen historischen Anekdoten wiedergegeben, doch gibt es keine Quellen oder Pläne, die über eine konkrete Baugeschichte Auskunft geben könnten. Der Steinhöfer-Wasserfall findet in den *Historischen Nachrichten von der Umschaffung des Weissensteins* von 1793 noch als „Waldwasserfall" eine erste offizielle Erwähnung. Später bürgerte sich zu Ehren seines Schöpfers, dem Brunneninspektor Karl-Friedrich Steinhofer, die Bezeichnung Steinhöfer-Wasserfall ein. Die Entstehung des Wasserfalls basiert in diesem Bericht auf einer ursprünglich technisch notwendigen Maßnahme, deren Ergebnis zufällig eindrucksvoll war. Zur Erweiterung des Wasservorrates im Fontänenreservoir wurde ein Bachlauf von dem Reservoir „Asch" über den „Pfaffenteich" abgeleitet. Dort, wo dieser Bach über einen Abhang geführt werden musste, ließ Steinhofer denselben mit Basaltblöcken auspflastern, um ein Abrutschen des Hangs durch den Wasserniedergang zu verhindern. Die Wirkung des hierdurch entstandenen Wasserfalls gab den Anlass, diesen effektvoll auszubauen und ihn durch einen Weganschluss mit den übrigen Anlagen zu verbinden: *Da dieser Abfall oder Sturz eine schöne Wirkung macht, so ist derselbe noch mehr verbeßert und ganz schiklich mit zur Anlage durch einen bequem dahin geführten Weg gezogen worden.*

Steinhofer ließ den in einem Buchenwald befindlichen Hang wie ein Felsmeer gestalten. Direkt über der Felsaufhäufung wurde ein Wasserreservoir angelegt, in dem das herangeleitete Wasser aufgestaut wurde, um es dann mittels einer Schleuse freizugeben. Von dort läuft das Wasser zunächst plätschernd in zahllosen kleineren Rinnen herunter, die jedoch in kurzer Zeit anschwellen: Dann stürzt das Wasser rauschend und schäumend, mal heftig, mal gemäßigt, über und um die farnbewachsenen, stumpfen Felsentürme in breiten und schmalen Rinnen hangabwärts. Das weiß-schäumende Wasser bildet einen auffälligen Kontrast zur schattigen Wald- und Felsumgebung. Durch den Sturz auf Felsstücke im Grund des Hanges prallt das Wasser schäumend auf, Farnbüsche beugen sich unter seiner mitreißenden Kraft. Dann sammeln sich die Wassermassen im Ableitegraben des Wasserfalls, der sie zum Fontänenreservoir leitet.

Der beabsichtigte Effekt des Waldwasserfalls: Er ist eine Bühne für die Natur, auf der das Schauspiel einer romantischen Naturvorstellung dargeboten wird, die den Besucher in Erstaunen versetzen soll. Dabei erfüllt die Natur drei

„Der Steinhöffersche Waßerfall gegen die Löwenburg". Lithographie von J.H. Bleuler, 1820, Verwaltung der Staatlichen Schlösser und Gärten, Graphische Sammlung.

Der Wasserfall bei der Teufelsbrücke

Funktionen zugleich: Die Felsen sind die Bühne, der Wald ist die Kulisse, und das Wasser ist der Schauspieler.

Die von 1791–93 entstandene Anlage des Wasserfalls unter der Teufelsbrücke ist ein weiteres Beispiel für das großartige Konzept Jussows, die neu geplanten Elemente des Parks mit den bereits vorhandenen Bauwerken und Achsen über ein Blicksystem miteinander zu verknüpfen. Jussow setzte sich hier am unmittelbarsten mit der vorgegebenen Karlsbergachse auseinander, nach der die symmetrisch gestaltete Plutogrotte ausgerichtet ist. Er überwand die Symmetrie, indem er die Teufelsbrücke zwar in direkter Nachbarschaft zur schon vorhandenen Plutogrotte errichtete, sie jedoch aus der Achse verschob. Statt auf den Herkules ausgerichtet zu sein, ist von den meisten um die Teufelsbrücke herum angelegten Aussichtspunkten aus vorrangig der Wasserfall mit der Teufelsbrücke und die Plutogrotte zu sehen.

Der etwa zehn Meter hohe Wasserfall ist – ähnlich dem Steinhöfer-Wasserfall – aus oblongen Basalttuffblöcken zu einer Felswand aufgetürmt. Als Brückenköpfe ragen zwei zerklüftete Felsformationen hoch auf und tragen die bogenförmige Brücke. Ursprünglich ließ Landgraf Wilhelm IX. eine Holzbrücke errichten, die seiner Vorstellung einer romantischen Gebirgsszenerie am ehesten nahe kam. Als jedoch Kurfürst Wilhelm II. im Jahr 1825 über die Brücke spazierte und dabei ein Teil des hölzernen Geländers abbrach, wurde sie 1826 durch diese vom Hofbaumeister Bromeis entworfene Eisengussbrücke ersetzt. Das Geländer mit dem Motiv sich überkreuzender Spitzbögen steht mit seiner strengen Geometrie im Kontrast zur unregelmäßigen Gestaltung der Felswand. Das unter dem Geländer verlaufende Band aus Diamantquadern greift hingegen das Motiv der Basaltblocksäulen wieder auf. Die gesamte Fläche der Brückenunterseite ist mit einem bogenförmigen, zahnschnittartigen Ornament versehen, das den Eindruck eines aufgerissenen, zähneblekkenden Schlundes vermittelt. Der Wasserfall unter der Teufelsbrücke wird mit dem Wasser aus dem Fontänenreservoir über der Plutogrotte versorgt. Es wird über einen mit Steinen ausgelegten, breiten Bachlauf, unter der Brücke hindurch an die obere Kante des Wasserfalls herangeführt. Von dort wälzt sich das Wasser brausend und tosend hinab in den Höllenteich. Der Eindruck eines riesigen „teuflischen Schlundes" verstärkt sich umso mehr, als das Wasser förmlich ausgespien wird. Die weiße Gischt der stürzenden Wassermassen leuchtet förmlich vor der dunkel belaubten Umgebung. Das auf Felsblöcke schlagende Wasser spritzt auf und verwirbelt sich über kleinere, mit Farnen bewachsene Kaskadensprünge weiter bis in den Höllenteich.

Die Bezeichnung „Teufelsbrücke" wird auf eine gleichnamige Brücke in den Schweizer Alpen zurückgeführt, die sich am Sankt Gotthard über die steile und tiefe Reuss-Schlucht

Der Wasserfall bei der Teufelsbrücke vermittelt den Eindruck einer erhabenen Gebirgsszenerie.

spannt. Bekannt wurden die Teufelsbrücke und verschiedene Wasserfälle der Schweiz durch die Kupferstichreihe *Tableaux de la Suisse* von 1785, die auch in der Bibliothek der Kasseler Landgrafen nicht fehlte.

Der Aquädukt ist aufgrund seiner gelungenen Einbindung in die Landschaft und seiner Blickbeziehungen zu anderen zentralen Parkbauten ein besonderes Beispiel für das gestalterische Vorgehen des Architekten Jussow. Der 1788 bis 1792 geschaffene Bau des Aquädukts bildet zusammen mit der Löwenburg zumindest in den ersten Jahren nach seiner Entstehung einen weithin sichtbaren Blickfang. Wie die Karlsberganlagen ist er eine Kombination von Wasserkunst und Architektur und nimmt auf diese Bezug. Er bildet durch seine ruinenhafte und asymmetrische Anlage wie auch durch seine

Der Aquädukt

J. H. Tischbein d.Ä., Der Aquädukt, 1786. Kassel, Schloß Wilhelmshöhe, Weißensteinflügel.

Am Aquädukt stürzt das Wasser in 34 Meter Tiefe.

ausgeprägte landschaftliche Einbindung ein erstes ausdrucksstarkes Gegenstück zum Oktogon. Der Aquädukt ist über einen mit zahlreichen Kaskaden ausgestatteten Wasserlauf an den Höllenteich angeschlossen. Dieser ursprünglich bedeckte Kanal wurde im Rahmen der Umgestaltung des Fontänenreservoirs aufgebrochen, verbreitert und mit Basaltsteinen ausgelegt. Inmitten eines schattigen Buchenwaldes wird der Besucher entlang dieses Wasserlaufes an die Zuflussrinne des Aquädukts herangeführt.

Der Wilhelmshöher Aquädukt ist eine künstliche Ruine im Anklang an das Bild einer römischen Wasserleitung. Der verwendete Basalttuff unterstützt durch seine poröse Optik den Ruinencharakter der Anlage. Dieser Effekt wird durch die Verwitterung und die Bemoosung des Gesteins sowie durch das aus den Fugen wuchernde Strauchwerk zusätzlich erhöht. Das nahezu 200 Meter lange Bauwerk besteht aus einer Hauptbogenstellung über fünfzehn Arkaden, die in leichter S-Kurve verläuft. Eine kürzere Nebenarkade zweigt rechtwinklig von der Hauptleitung ab. Über der Kreuzung der Arkaden ragt eine Turmruine auf. Das Wasser wird auf der Hauptarkade in offener Rinne herangeleitet und stürzt über die Bruchkante einer abzweigenden Nebenarkade nahezu 34 Meter tief in eine Schlucht. Dort schlägt es auf die leicht vorkragende Pfeilersubstruktion und verwirbelt sich zu einem weiß schäumenden Gischt, der in Schleiern fortgetragen wird.

Der Neue Wasserfall ist inzwischen zu einem Biotop seltener Pflanzen geworden.

Aquädukte mit Wasserstürzen sind eine ebenso seltene Gattung von Gartenstaffagen wie die künstlichen Wasserfälle. Die reichen Wasservorkommen des Kasseler Bergparks, die optimale Hanglage und die kreativen Ideen eines befähigten Baumeisters ermöglichten die Realisierung der außergewöhnlichen Bauvorhaben mit überzeugendem Ergebnis.

Die Anlage der Peneuskaskaden ab 1786 ist die erste Baumaßnahme Jussows unter Wilhelm IX. Ihren Namen entlehnt die *Cascade am großen Bassin* dem griechischen Flussgott *Peneios*. Der mit niedrigen Kaskadenbänken eingerichtete Wasserüberlauf ist in eine Lichtung eingebettet, die vom Bowlinggreen den Blick auf den Aquädukt freigibt. Die Peneuskaskaden, deren Breite im Verlauf des Geländegefälles zunimmt, nehmen das abfließende Wasser des Aquäduktes auf und leiten es in den Fontänenteich. Sie weisen trotz der unregelmäßigen Quarzfelsbedeckung eine augenfällige horizontale Linearität auf, die noch stark an eine regelrechte Wassertreppe erinnert. Durch das Einströmen des Wassers von den Peneuskaskaden in den Fontänenteich wird dessen ruhender Wasserspiegel in Schwingung versetzt.

Die Peneuskaskaden

Die große Fontäne im Fontänenteich

In der Achse der großen Schneise, am westlichen Ende des Bowlinggreens, befindet sich der Fontänenteich. Dieses schon 1713 angelegte Becken wurde ab 1786 in seiner regelmäßigen Form aufgelöst und zu einem Teich mit organischen Uferformen umgestaltet. Eine wesentliche Umgestaltungsmaßnahme war die 1789 vorgenommene Verschiebung der Fontäne aus dem Zentrum des Teiches und damit zugleich aus der Mitte der Parkachse. Sie wurde nach Norden, an den Rand des Teiches verlegt. Der Bereich der Fontänenmündung wurde mit Quarzfelsen ausgestattet, die heute mit Büschen bewachsen sind. Steinhofers bemerkenswerte Leistung ist die Verlängerung der Röhrenleitung bis zum neugestalteten Fontänenreservoir. Damit konnte die Sprunghöhe der Fontäne um ein Viertel ihrer bisherigen Höhe vergrößert werden.

Das Fontänenreservoir über der Plutogrotte mit einem Fassungsvermögen von etwa 15 000 Kubikmetern Wasser versorgt und erzeugt die große Fontäne. Sie ist der abschließende Höhepunkt der Wasserspiele: Ihre Höhe von ca. 55 Metern erreicht sie allein durch natürlichen Druck im Gefälle. In der großen Schneise des Parks verlaufen zwischen dem Fontänenreservoir und dem Fontänenteich unterirdisch zwei „kommunizierende Röhren", die einen Höhenunterschied von 60 Metern überwinden: Neben dem Wasserrohr liegt ein Luftrohr, durch das die verdrängte Luft entweichen kann, wenn sich das Wasserrohr füllt. Dieser Vorgang zur Vorbereitung der Fontäne benötigt etwa sechs Stunden Zeit. Die Fontänenmündung, die fest mit einem Deckel verschlossen ist, wird mittels einer Seilzug-Mechanik aus etwa acht Metern Entfernung manuell geöffnet, so dass das Wasser durch den ungeheuren Gefälledruck in den Röhren in die Höhe schießen kann. Wenn der Wasserzufluss am Fontänenreservoir über einen Schieber geschlossen wird, fällt die Fontäne nach einiger Zeit wieder in sich zusammen. Auch diese Wasserkunst funktioniert noch immer in ihrem technischen Apparat aus der Entstehungszeit Mitte des 18. Jahrhunderts.

Die kraftvolle, gleißend-weiß bewegte Wassersäule kann in ihrer Fernwirkung vom Schloss ein visuelles Kräftemessen mit dem Oktogon bestehen. Das Leuchten des Wassers hebt sich kontrastreich vor dem Hintergrund des Waldes ab. In der Nahansicht entsteht eine Spannung zwischen der aufsteigenden Bewegung der Fontäne und der Ruhe des sie freigebenden Wasserspiegels. Die auf den Quarzfelsen wachsenden Sträucher beugen sich unter dem Gewicht der zurückfallenden Wassermassen und verstärken zusätzlich das kraft- und energievolle Bild der Fontäne.

Der Abfluss des Fontänenteiches wurde als vielgliedriger Flussarm gestaltet. Das Wasser wird über teils kniehohe, teils bis zwei Meter hohe, künstlich arrangierte Quarzfelsstufen in gewundenem Lauf abgeleitet und der nach ihrem Schöpfer Jussow benannten Kaskade zugeführt. Kennzeichnend ist für diesen über drei Meter hohen Wasserfall seine Gestalt aus schwarzgrauen, vorwiegend gerundeten Quarzfelsen, die sich deutlich von der Formation der oblongen Basaltstelen des Wasserfalls an der Teufelsbrücke unterscheidet. Das Wasser stürzt hier nicht als massive Wand nieder, sondern ergießt sich in Rinnen eher plätschernd über die Felswand. Die Jussowkaskade wird vom mäßigen, aber ständigen Abflusswasser des Fontänenteiches überflossen.

Die Jussowkaskade

Der lange, verzweigte Wasserlauf, in den Jussowkaskade und Roseninsel eingebunden sind, verknüpft Fontänenteich und Lac. Die wesentlich offenere Landschaftssituation im südöstlichen Schlossbereich zeigt sich als sanft abfallendes Tal mit hellem, gelockertem Laubwald, Wiesen und Lichtungen – um 1791 noch als *elysäische Felder* bezeichnet. Sie wird vielfach von gewundenen Wegen durchzogen, die an den Kreuzungspunkten des Wasserlaufes mit flachbogigen, aus Basaltblöcken gestalteten Stegen

Beleuchtete Wasserkünste! Die große Fontäne bei nächtlicher Illumination.

versehen sind. Der Wasserlauf, dessen Profil teils über einen Meter hoch aufgepflastert ist, wird von nur relativ geringen Wassermengen beflossen. Das flachfließende Wasser ist von einer Klarheit, die den Untergrund erkennen lässt und den idyllischen, frischen Charakter der Gegend unterstreicht.

Der Lac

Der Lac bildet den Abschluss des Wilhelmshöher Wasserprogramms. Der Landsee an der Südseite des Schlosses entstand von 1785–92 aus dem Zusammenschluss von fünf regelmäßig geformten Fischteichen, die noch aus der Zeit des Klosters Witzenstein stammten. Die mondsichelartig gekrümmte Gestalt des Grundrisses entspricht den natürlichen, unregelmäßigen Formanforderungen des Landschaftsgartens an einen See. Der Wilhelmshöher Lac ist Beispiel für einen typischen „Landsee", der in der Gartentheorie des ausgehenden 18. Jahrhunderts als „unentbehrliches Element eines ansehnlichen Parkes" gilt. Die Ufervegetation verdeckt den Umriss des Lac und wird mit dem Himmel vom dunklen Wasserspiegel reflektiert. Vom nordöstlichen Ufer wird der Prospekt auf das Schloss und das Oktogon freigegeben. Zur Zeit Wilhelms IX. gab es die Möglichkeit, den Lac mit Booten zu befahren.

Der Neue Wasserfall ist als letzter der künstlichen Wasserfälle in den 1820er Jahren auf der Wilhelmshöhe entstanden. Während der Steinhöfer-Wasserfall noch heute funktioniert, ist der Neue Wasserfall, der ebenfalls ein Projekt Steinhofers war, schon seit Beginn des 20. Jahrhunderts nicht mehr in Betrieb. Aus dem künstlichen Wasserfall wurde eine natürliche Ruine, was in der Nachbarschaft einer künstlichen Ruine, dem Aquädukt, fast schon paradox anmutet.

Ähnlich wie beim Steinhöfer-Wasserfall wurde das Gelände für den Neuen Wasserfall in einer Breite von etwa 16 Metern und einer Höhe von mehr als 40 Metern über mehrere Absätze mit Basalt- und Quarzitfelsblöcken ausgestaltet. Ungünstigerweise wurde er auf sandigem Grund, ohne festigenden Unterbau errichtet, so dass er bald nach der Fertigstellung schon undicht war. Hinter der Wasserfall-Oberkante, im Nordostbereich des Merkurtempels, wurde ein Wasserreservoir in unregelmäßiger Form angelegt. Diesem sogenannten Neuen Teich wurde der Wasservorrat über einen Grabenabzweig vom Höllenteich und über kleinere Quellschüttungen des Park-Nordbezirks zugeführt. Der optische und akustische Eindruck der niederstürzenden Wassermassen muss in Anbetracht der immensen Höhe der Anlage äußerst imposant gewesen sein. Eine nur annähernde Vorstellung können Fotografien der Jahrhundertwende geben, die den Neuen Wasserfall noch in Betrieb zeigen. Am Fuß der Kataraktwand stürzte das Wasser unter einer Brücke hindurch und setzte seinen Lauf in einem mit Basaltwacken hoch aufgemauerten Flussbett fort, welches mit mehreren großen Kaskadenbänken ausgestattet ist und schließlich durch

Der Neue Wasserfall

Der Neue Wasserfall war zu Beginn des 20. Jahrhunderts noch funktionstüchtig. Fotografien um 1910.

Die oberste Kaskadenstufe des Neuen Wasserfalls von der Brücke aus gesehen.

Wiesengründe hindurch in die Drusel mündet. Die Dimension dieses Wasserfalls dürfte die Inszenierung des Steinhöfer-Wasserfalles noch übertroffen haben.

Dem Neuen Wasserfall liegt, wie schon beim Steinhöfer-Wasserfall, kein konkretes Baukonzept zugrunde. 1823 unter Steinhofer begonnen, wird 1825 dem Hofbaumeister J.-H. Bromeis (1788–1855) die Vollendung der Anlage vom Kurfürsten persönlich übertragen. Der mittlerweile 78jährige Steinhofer scheint mit der Ausführung des großen Wasserfall-Projekts überfordert gewesen zu sein. Bromeis schreibt am 11. Juni 1825: »*an den Herrn Inspector Steinhofer zu Cassel: Seine Königliche Hoheit der Kurfürst haben mir allergnädigst zu befehlen geruhet, mich der von künftigen Montag an, als am 13ten d. M., zu beginnenden Fortsetzung der neuen Anlagen des Parks und namentlich die des Wasserfalles zu Wilhelmshöhe anzunehmen.«* Bromeis, der auch das große Gewächshaus und die gusseiserne Teufelsbrücke errichtet hat, führte die begonnenen Arbeiten bis zur Fertigstellung des Wasserfalles fort. Doch nach nur zehn Jahren werden schon große Instandsetzungen notwendig, die im 19. Jahrhundert nicht mehr enden sollten. Wenn jedoch ein Baudenkmal bewusst erhalten wird, sind nicht selten politische Gründe ausschlaggebend. Das darf auch für unseren Wasserfall gelten: Als touristische Attraktion war er ein bedeutender Bestandteil der berühmten Wilhelmshöher Wasserkünste, die den Fremdenverkehr Kassels auch schon im 19. Jahrhundert maßgeblich bestimmt haben. Im kulturpolitischen Interesse der Kasseler Landgrafen und Kurfürsten wurde der Instandhaltung und Pflege der Wasserkünste ein hoher Stellenwert beigemessen. Der Neue Wasserfall, der seit der letzten notwendigen, jedoch nicht mehr erfolgten Reparatur nach dem Ersten Weltkrieg seinem endgültigen Ruinendasein entgegenging, hat im Gegensatz zum Steinhöfer-Wasserfall ein fatales Schicksal: Als technischer Apparat funktioniert er schon zu lange nicht mehr. Wenn man nicht um ihn weiß, bemerkt man ihn gar nicht; und langsam gerät er in Vergessenheit. Denn ein Wasserfall ohne Wasser verliert seinen Sinn. Und ganz unmittelbar bewahrheitet sich die denkmalpflegerische Weitsicht, die Fürst Pücklers schon 1834 formulierte: *»Es ist also eine leitende, geschickte Hand Werken dieser Art fortwährend nöthig. Fehlt diese zu lange, so verfallen sie nicht nur, sie werden auch etwas ganz Anderes.«*

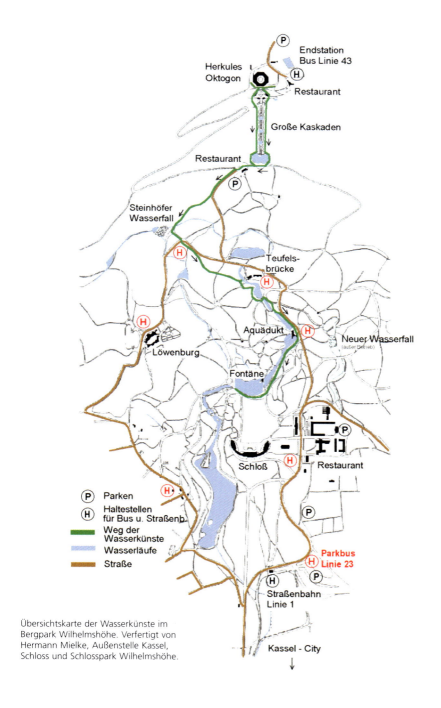

Übersichtskarte der Wasserkünste im Bergpark Wilhelmshöhe. Verfertigt von Hermann Mielke, Außenstelle Kassel, Schloss und Schlosspark Wilhelmshöhe.

Zeittafel für die Wasserkünste des Karlsbergs und der Wilhelmshöhe

1592–1627 regiert **Landgraf Moritz**
1615 Bau der Moritzgrotte, die schon seit 1625 wieder stark verfällt

Ab 1670 regiert **Landgraf Karl**
seit den **1690er Jahren** erste Arbeiten an einer Wasserkunst auf dem Karlsberg „Kleiner Herkules"
1701 Italienreise des Landgrafen
1704–08 Grotten und Kaskaden; seit
1705 Sichelbachstollen
1705 erste Ausgabe der DELINEATIO MONTIS
Im **Juli 1705** sind weit über 1000 Menschen (!) mit den Bauarbeiten auf dem Karlsberg beschäftigt
1708–14 Oktogon
1696–1710 Gesamtkosten in diesem Zeitraum: 200 007 Reichstaler
1713 Anlage des (späteren Fontänen-) Bassins vor dem Weißensteiner Schloss
1713–14 Pyramide
1713–17 Herkulesstatue
1714 laufen erstmals die Wasserkünste (obwohl das Oktogon noch nicht vollendet war)
1715–18 Abschlussarbeiten, Guerniero verlässt Kassel
1730 stirbt Landgraf Karl

1760–85 regiert **Landgraf Friedrich II.**
Erste umfangreiche Parkgestaltung auf dem Weißenstein nach Landgraf Karl
Anlage der großen Fontäne, Ausbau der Plutogrotte

1785–1821 reg. **Landgraf Wilhelm IX.**, seit 1803 Kurfürst Wilhelm I.
ab **1785** Bauarbeiten an den Peneuskaskaden und am Lac
1786 Erhöhung der großen Fontäne auf 52 Meter

1788–91 Aquädukt
ab **1789** Roseninsel und Jussowkaskade
1791 Umgestaltung Fontänenreservoir
1792–93 Wasserfall bei der Teufelsbrücke und Höllenteich
ab **1793** Steinhöfer-Wasserfall
1796 Anlage des Asch-Wasserreservoirs

1813–21 regiert **Kurfürst Wilhelm I.** nach dem Exil

1821–31 regiert **Kurfürst Wilhelm II.**
1822 Bau des Großen Gewächshauses
1825–28 Bau des Neuen Wasserfalls
1826 Erneuerung der Teufelsbrücke

1847–1866 regiert **Kurfürst Friedrich Wilhelm I.** (bereits seit 1831 Mitregent)
Anlage der Kaskaden unterhalb des Lac
1830–43 kann die große Kaskade wegen Undichtheit nicht betrieben werden, große Reparaturen
1844 erstmaliges Wiederanlassen der großen Kaskade
1850 Einsturz des Neuen Wasserfalls und umfangreicher Wiederaufbau

1877 Eröffnung der Straßenbahnlinie von Kassel nach Wilhelmshöhe
1881 Neupflanzung von Tannen, die die große Kaskade säumen
1901–03 Bau der Herkulesbahn
1904 Fällen der alten, die große Kaskade säumenden Tannen
1900, 1908, 1929, 1933 Renovierungen besonders am Oktogon
1932 Erneuerung der Skulpturen in den Wassertheatern
1950–71 große Sanierungsmaßnahme der Karlsberganlagen

Literaturauswahl

Bergmeyer, Winfried (1999): Landgraf Karl von Hessen-Kassel als Bauherr – Funktionen von Architektur zwischen Vision und Wirklichkeit, Münster 1999.

Dehio, Georg (1982): Handbuch der deutschen Kunstdenkmäler, Hessen, bearbeitet von Magnus Backes, Darmstadt 1982.

Der Schloßpark Wilhelmshöhe in Ansichten der Romantik (1993): Katalog zur gleichnamigen Ausstellung im Ballhaus am Schloß Wilhelmshöhe, hrsg. von Ulrich Schmid, Staatliche Museen Kassel und der Verwaltung der Staatlichen Schlösser und Gärten Hessen Bad Homburg v.d.H., Kassel 1993.

Dittscheid, Hans Christoph (1987): Kassel-Wilhelmshöhe und die Krise des Schloßbaus am Ende des Ancien-Régime. Charles De Wailly, Simon Louis Du Ry und Heinrich Christoph Jussow als Architekten von Schloß und Löwenburg in Wilhelmshöhe (1785–1800), Worms 1987.

Guerniero, Giovanni Franceso (1706): DELINEATIO MONTIS A METROPOLI HASSO-CASSELANA, hrsg. von Harri Günther mit einem Nachwort von Helmut Scharf, Nachdruck der Ausgabe Cassel 1706, Stuttgart 1988.

Hannwacker, Michael (1992): Carlsberg bei Kassel – Der Weissenstein unter Landgraf Carl, Dissertation (Microfiche), GH Kassel 1992.

Heidelbach, Paul (1909): Die Geschichte der Wilhelmshöhe, Leipzig 1909.

Herkules. Tugendheld und Herrscherideal, Das Herkules-Monument in Kassel-Wilhelmshöhe (1997): Katalog zur gleichnamigen Ausstellung in Kassel, hrsg. von den Staatlichen Museen Kassel, Christiane Lukatis und Hans Ottomeyer, Eurasburg 1997.

Hirschfeld, Christian Cajus Lorenz (1779–1785): Theorie der Gartenkunst, Nachdruck der Ausgabe Leipzig 1779–1785, Hildesheim/New York 1973.

Holtmeyer, Alois (1910): Die Bau- und Kunstdenkmäler im Regierungsbezirk Cassel, Band 4: Kreis Cassel Land, 2 Bände (Textband/Tafelband), Marburg 1910.

Holtmeyer, Alois (1913): W. Strieder's Wilhelmshöhe, hrsg. von Alois Holtmeyer, in: Alt Hessen. Beiträge zur kunstgeschichtlichen Heimatkunde, Heft 3, Marburg 1913.

Jöchner, Cornelia (1993): Geometrie und Landschaft. Auflösung barocker Gartengrenzen am Karlsberg in Kassel, in: Frühneuzeitliche Hofkultur in Hessen und Thüringen (Jenaer Studien, Bd. 1), hrsg. von J.-J. Berns u. D. Ignasiak, Jena 1993, S. 142–166.

Klaute, Johann Balthasar (1722): DIARIUM ITALICUM oder Beschreibung derjenigen Reyse, Welche Der Durchlauchtigste Fürst und Herr / Herr Carl, Landgraff zu Hessen [...] angetretten [...], Cassel 1722.

Korsmeier, Jutta (1997): Die künstlichen Wasserfälle im Bergpark Kassel-Wilhelmshöhe: Historisches zu ihrer Konstruktion – Konsequenzen für die Denkmalpflege heute, in: Die Denkmalpflege 2/1997, S.133–149.

Modrow, Bernd (1993): Gartendenkmalpflege am Beispiel des Parkes Wilhelmshöhe, in: Denkmalpflege in Hessen 2/1993, S. 16–24.

Paetow, Karl (1929): Klassizismus und Romantik auf Wilhelmshöhe, Kassel 1927.

Park Wilhelmshöhe: Amtlicher Führer, verfasst von Alfred Hoffmann, Bad Homburg v.d.H., o.J.

Philippi, Hans (1976): Landgraf Karl von Hessen-Kassel. Ein deutscher Fürst der Barockzeit, (Veröffentlichungen der historischen Kommission für Hessen 34), Marburg 1976.

Reuther, Hans (1976): Der Carlsberg bei Kassel. Ein Idealprojekt barocker Gartenarchitektur, in: architectura 1976, S. 47–65.

Sander, Helmut (1981): Das Herkulesbauwerk in Kassel-Wilhelmshöhe, Kassel 1981.

Schloß Wilhelmshöhe (1962): Amtlicher Führer, hrsg. von der Verwaltung der Staatlichen Schlösser und Gärten in Hessen, Bad Homburg v.d.H., 1962.

Strieder, W. (1793): Historische Nachrichten von der Umschaffung des Weissensteins unter Anordnung des durchlauchtigsten Landgrafen Wilhelms IX., 1793 (= Holtmeyer, Alois, W. Strieder's Wilhelmshöhe, Marburg 1913).

Die von der Verwaltung der Staatlichen Schlösser und Gärten Hessen betreuten historischen Baudenkmäler

1 **Bad Karlshafen**
Hist. Hafenbecken, Stadtanlage (nach 1700)
2 **Calden**
Schloss und Park Wilhelmsthal (1747–1761)
3 **Kassel**
Schloss und Park Wilhelmshöhe (1786–1790)
Löwenburg, Park Wilhelmshöhe (1793–1801)
Herkules (Riesenschloss) und Kaskaden,
Schlosspark Wilhelmshöhe (1701–1708)
Großes Gewächshaus, Ballhaus (1822)
Staatspark Karlsaue (18./19. Jh.),
Insel Siebenbergen, Orangerieschloss
4 **Felsberg** Burgruine (13. bis 16. Jh.)
5 **Cornberg**
Ehem. Benediktinerinnenkloster (um 1300)
6 **Bad Hersfeld**
Stiftsruine (um 1038–1144)
Ehem. Benediktinerkloster
7 **Eiterfeld** Burg Fürsteneck (14. bis 20. Jh.)
8 **Schröck** Elisabethbrunnen (1596)
9 **Driedorf**
Burgruine (13. bis 16. Jh.),
Stadtturm (14. Jh.)
10 **Hopfmannsfeld** Galgen (16. Jh.)
11 **Merenberg** Burgruine (12. bis 17. Jh.)
12 **Weilburg**
Schloss und Park (16. bis 18. Jh.)
13 **Butzbach**
Fürstengruft in der Stiftskirche St. Martin
(1620–1622)
14 **Münzenberg**
Burgruine (um 1170 bis um 1500)
15 **Altweilnau** Burgruine (um 1200),
16 **Rosbach v.d. Höhe**
Römerkastell Kapersburg
(1. und 2. Jh. nach Chr.)
17 **Friedberg** Ehem. Reichsburg mit Adolfsturm
(2. Hälfte 14. Jh.), Befestigungen
(14. bis 16. Jh.),
Georgsbrunnen (1738)
18 **Bad Homburg v.d. Höhe**
Schloss und Schlosspark
(1680 bis 1. Hälfte 19. Jh.)
Bergfried (14. Jh.), Schlosskirche (17. Jh.)
19 **Bad Homburg v.d. Höhe**
Römerkastell Saalburg, wieder-
aufgebauter römischer Wehrbau am Limes
(ca. 90–260 nach Chr.) Museum mit
Ausgrabungsfunden aus der Römerzeit
20 **Konradsdorf**
Ehem. Prämonstratenserkloster (12./13. Jh.)
21 **Steinau an der Straße**
Schloss mit Brüder-Grimm Gedenkstätte (16. Jh.)
22 **Walsdorf** Hutturm (14. Jh.)
23 **Oberreifenberg**
Burgruine (12. bis 16. Jh.)
24 **Schmitten** Römerkastell Kleiner Feldberg
(1./2. Jh. nach Chr.)
25 **Kaichen**
Römerbrunnen (2. Jh. nach Chr.)
26 **Gelnhausen**
Ruine der Kaiserpfalz (Ende 12 Jh.)
27 **Seligenstadt**
Ehem. Benediktinerabtei (12. bis 18. Jh.)
28 **Dickschied-Geroldstein**
Burgruine Haneck (14. Jh.)
29 **Rüdesheim**
Burgruine Ehrenfels (13. und 14. Jh.)
30 **Wiesbaden** Schlosspark Biebrich
(1. Hälfte 19. Jh.)
31 **Hanau**
Staatspark Wilhelmsbad (1777–1782)
Kur- und Badeanlage
32 **Darmstadt**
Prinz-Georg-Garten (18. Jh.)
Weißer Turm (14./15. Jh.)
Fürstengruft in der Stadtkirche
(1587–1630)
33 **Gernsheim** Zeppelin-Denkmal (1909)
34 **Bensheim**
Staatspark Fürstenlager (1767–1795),
Goethebrunnen (18. Jh.)
35 **Lorsch**
Ehem. Benediktinerkloster
(8. bis 16. Jh.)
Weltkulturdenkmal
36 **Michelstadt-Steinbach**
Einhardbasilika (um 824–827)
37 **Neustadt/Hessen**
Junker-Hansen-Turm (um 1480)

Publikationen der Verwaltung der Staatlichen Schlösser und Gärten Hessen

I. Informations-Broschüren

Bad Hersfeld, Kurzführer Stiftsruine, DM 4,–, engl. DM 4,–
Bad Homburg v.d.H., Englischer Flügel/Elisabethenflügel, DM 12,–
Bad Homburg v.d.H., Kurzführer Schloss, DM 4,–, engl. DM 4,–
Bad Homburg v.d.H., Kurzführer Schlosskirche, DM 5,–
Bensheim, Staatspark Fürstenlager, alt (Restbestände) DM 5,–, neu DM 12,–
NEU ▷ **Biebrich**, Schlosspark, vor Ort DM 9,80, bei Bestellung DM 12,80
NEU ▷ **Biebrich**, Kurzführer Schlosspark, DM 5,–, engl. DM 5,–
Calden, Kurzführer Schloss und Park Wilhelmsthal, DM 5,–
Friedberg, Kurzführer engl. DM 4,– (Restbestände)
NEU ▷ **Gelnhausen**, Kaiserpfalz, vor Ort DM 9,80, bei Bestellung DM 12,80
NEU ▷ **Gelnhausen**, Kurzführer Kaiserpfalz, DM 5,–, engl. DM 5,–
Hanau, Kurzführer Staatspark Wilhelmsbad, DM 5,–
Kassel, Kurzführer Ballhaus im Park Wilhelmshöhe, DM 4,–
Kassel, Kurzführer Löwenburg, DM 5,–
Kassel, Park Wilhelmshöhe, Bäume und Sträucher, DM 8,–
Kassel, Pflanzenführer Insel Siebenbergen, im Staatspark Karlsaue, DM 12,–
Kassel, Kurzführer Schloss Wilhelmshöhe, DM 4,–
Kassel, Kurzführer Schlosspark Wilhelmshöhe, DM 4,–
NEU ▷ **Kassel**, Wasserkünste Wilhelmshöhe, vor Ort DM 9,80, bei Bestellung DM 12,80
NEU ▷ **Kassel**, Kurzführer Wasserkünste Wilhelmshöhe, DM 5,–, engl. DM 5,–
Kassel, Kurzführer Staatspark Karlsaue, DM 4,–
Lorsch, Kurzführer Kloster, DM 4,–
Michelstadt-Steinbach, Kurzführer Einhardsbasilika, DM 4,–
NEU ▷ **Münzenberg**, Burgruine, vor Ort DM 9,80, bei Bestellung DM 12,80
NEU ▷ **Münzenberg**, Kurzführer Burgruine, DM 5,–, engl. DM 5,–
Seligenstadt, Kloster „Der Mönch lebt nicht vom Brot allein", DM 12,–
Seligenstadt, Kurzführer Kloster, DM 4,–
Steinau a.d. Straße, Schloss, DM 12,–
NEU ▷ **Weilburg**, Schloss und Garten, vor Ort DM 9,80, bei Bestellung DM 12,80
NEU ▷ **Weilburg**, Kurzführer Schloss und Garten, DM 5,–

II. Ausstellungs- und Bestandskataloge

Katalog 1
Märchen und Märchenhaftes aus Papier. Die Luxuspapiersammlung Carmen Rinnelt (1991). Inhalt: Carmen Rinnelt, Zum Luxuspapier; Hans-Jörg Uther, Bilder vom Märchen; Christa Pieske, Märchen aus Bildern; Bernd Fäthke, Papier aus Byzanz. 96 Seiten, 47 Abb., davon 24 in Farbe, DM 15,–

Katalog 2
Jawlenskys, Japanische Holzschnittsammlung – Eine märchenhafte Entdeckung (1992). Mit Beiträgen von Bernd Fäthke, Alexander Hildebrand, Ildikó Klein-Bednay. Beschreibender Katalog, 274 Seiten, 163 Abb., davon 107 in Farbe, DM 38,—

Katalog 3
Japanisches Porzellan (1992). Inhalt: Edelgard Handke, Japanisches Porzellan der Verwaltung der Staatlichen Schlösser und Gärten. 108 Seiten, 51 Abb., davon 34 in Farbe, DM 25,–

Katalog 4
„Der Einzug Alexander des Großen in Babylon" (1994). Hans-Joachim Beyer: Die 12 Kupferstiche im hölzernen Gang des Weilburger Schlosses. 94 Seiten, 52 Abb., DM 25,–

Katalog 5
Chinoiserie – Möbel und Wandverkleidungen (1996). Inhalt: Edelgard Handke, Asiatische Exportwaren; Iris Reepen, Motive der Chinoiserie in Europa; Edelgard Handke, Chinamode in hessischen Schlössern; Irmela Breidenstein; Brigitte Hagedorn, Technologische Untersuchungen an Lackmöbeln aus dem Bestand der Staatlichen Schlösser und Gärten Hessen. 266 Seiten, 294 Abb., davon 180 in Farbe, DM 58,–

III. Außerdem werden als Gemeinschaftsproduktionen mit anderen Institutionen angeboten:

Kloster Lorsch, Weltkulturerbe der Unesco, DM 8,–

Wandmalerei des früheren Mittelalters. Bestand, Maltechnik. Konservierung. Hrsg.: Nationalkomitee der Bundesrepublik Deutschland, DM 58,–

Reisezeit – Zeitreise zu den schönsten Schlössern, Burgen, Gärten, Klöstern und Römerbauten in Deutschland, (dt., engl., frz. und ital.). Offizieller gemeinsamer Führer der Schlösserverwaltungen, DM 16,80 (Softcover)

IV. Monographien

Band 1
Parkpflegewerk Schlosspark Biebrich (1987). M. Handke, B. Modrow, M. Nath-Esser. 155 Seiten, 39 Abb., 12 Pläne, davon 1 farbig, (ausgelaufen).

Band 2
Historische Gärten in Hessen (1998). Bearbeitung: Büro H. Dorn, freier Landschaftsarchitekt BDLA, Mitarbeit: M. Freiin von Geyr, H. Dorn, H. K. Hoftmann. 273 Seiten, 71 Abb., 13 Karten, 6 Pläne, DM 10,–

Band 4
Wasserwirtschaft in Bad Homburg vor der Höhe (1993). Bearbeitung: Cäcilia Maria Rohde. 88 Seiten, 57 Abb., 17 Karten und Pläne, größtenteils farbig, DM 49,–

Band 5
Prinz-Georg-Garten Darmstadt, Parkpflegewerk (1995). Bearbeitung: Jutta Korsmeier M. A. 173 Seiten, zahlreiche Abbildungen und Pläne, teils farbig, DM 38,–

V. Jahrbuch

Froschkönige und Dornröschen. Die Pflege der Staatlichen Schlösser und Gärten Hessen im Jahre 1997. 212 Seiten, zahlr. Abb., Edition der Verwaltung der Staatlichen Schlösser und Gärten, DM 48,–

Froschkönige und Dornröschen. Einblicke in die Staatlichen Schlösser und Gärten Hessen. Band 2, 1998/99. 144 Seiten, zahlreiche Farbabb., DM 19,80

Alle Publikationen erhalten Sie an den Kassen unserer Denkmäler oder direkt bei:

Verlag Schnell und Steiner GmbH
Leibnizstraße 13, D – 93055 Regensburg
Tel.: (+ 49) 0941/78785-0, Telefax: (+ 49) 0941/78785-16
e-mail: susvertrieb@t-online.de
Stand aller Angaben: April 2000

Besucherinformationen

Wann ist der Ablauf der Wasserkünste zu erleben?
Die Wasserkünste werden betrieben von Himmelfahrt bis einschließlich 3. Oktober, mittwochs, sonntags, feiertags. Eintritt frei!

Uhrzeiten
Start am Herkules	14:30 Uhr
Steinhöfer-Wasserfall	15:00 Uhr
Teufelsbrücke	15:10 Uhr
Aquädukt	15:20 Uhr
Abschluss Große Fontäne	15:30 Uhr

Beleuchtete Wasserkünste!
Beleuchtete Wasserkünste am Herkules mit Wassertheater und Großer Kaskade sowie Aquädukt und Großer Fontäne jeweils am ersten Samstag in den Monaten:

Juni	22:00 – 22:30 Uhr
Juli	22:00 – 22:30 Uhr
August	21:00 – 21:30 Uhr
September	21:00 – 21:30 Uhr

Eintritt frei!

Führungen
Informative Führungen zu den Wasserkünsten vom Herkules über die große Kaskade, Steinhöfer-Wasserfall, Teufelsbrücke, Aquädukt bis zur großen Fontäne:
jeweils mittwochs und sonntags um **14:00 Uhr**.
Treffpunkt an der Kasse am Oktogon (Herkules).

Sonderanlassen der Wasserkünste möglich!
Sonderbestellungen bei der
Verwaltung der Staatlichen Schlösser & Gärten
Außenstelle Kassel,
Schlosspark Wilhelmshöhe
Schlosspark 18
34131 Kassel
Fon 0561/32280 oder 0561/9357100
Fax 0561/9357144

Weißensteinflügel und Löwenburg
dienstags bis sonntags
1. 3. – 31. 10., 10.00–17.00 Uhr
letzte Führung 16.00 Uhr

1. 11. – 28. 2., 10.00 – 16.00 Uhr
letzte Führung 15.00 Uhr

montags
geschlossen, außer gesetzliche Feiertage
geschlossen außerdem:
24. – 26. 12., 31. 12., 1. 1.

Herkules
Oktogon, Plattform und Pyramide
15. 3. – 15. 11.
täglich von 10.00 – 17.00 Uhr

Großes Gewächshaus
Pflanzenschauhaus
1. Advent 2000 bis einschließlich
1. Mai 2001
täglich von 10.00 – 17.00 Uhr